AF542260

RÉSUMÉ
GÉNÉRAL,

POUR Madame la Présidente DE SAINT-VINCENT;

CONTRE M. le Maréchal DE RICHELIEU.

ARTICLE SECOND.

LETTRES.

AVERTISSEMENT.

ON a cité dans les Mémoires de M. de Richelieu un Ouvrage de *Ragueneau*, qui prouve, dit-on, la poſſibilité du calquage. Madame de Saint-Vincent a répondu à Ragueneau & aux autres Experts de M. de Richelieu ; & il n'eſt pas une perſonne éclairée qui ne ſoit convaincue aujourd'hui de l'impoſſibilité phyſique & morale de calquer quatorze ſignatures, douze *bon pour* & vingt-deux lettres. On a appris depuis une petite anecdote concernant ce fameux *Ragueneau*, dont il eſt bon d'inſtruire le Public. Voici ce qu'en dit Moréri, article *Ragueneau* : « Ragueneau, Ecrivain-Juré à Paris, s'eſt fait connoître » dans le dix-ſeptieme ſiecle par un Traité des reconnoiſſances d'écritures, &c. &c. Il voulut ſe » ſervir lui-même du ſecret des fauſſaires, & il fut » arrêté priſonnier en 1682, & condamné à une » priſon perpétuelle, &c. ».

M. de Richelieu n'a pas trouvé ſans doute que Paillaſſon, qui n'a fait encore que condamner M. de la Chalotais, fût un Auteur aſſez grave, il a porté ſes recherches plus loin, & il a découvert bien heureuſement cet habile Ragueneau que la Juſtice a flétri il y a près de cent ans. M. de Richelieu a toujours le même goût ; il a choiſi pour témoins des décrétés & des bannis, & il vient de reſſuſciter un fauſſaire pour ſe ménager ſon témoignage & s'en faire un Expert.

RÉSUMÉ GÉNÉRAL.

ARTICLE SECOND.

POUR Madame la Préſidente de SAINT-VINCENT ;

CONTRE M. le Maréchal de Richelieu.

I I.

A fauſſeté des Billets déſavoués par M. de Richelieu, n'eſt appuyée ſur aucune preuve légale. Il n'eſt, pour l'établir au procès, que le témoignage de quelques Ecrivains dociles aux ordres de M. de Richelieu, & accoutumés à l'impoſture.

La fabrication de ces Billets attribuée à Madame de Saint-Vincent, eſt encore plus dénuée de preuves. C'eſt une calomnie que rien n'étaye. Le calquage de douze *bons pour*, de quatorze ſignatures, & de vingt-deux lettres, eſt abandonné à la dériſion & au mépris qui lui ſont propres.

M. le Maréchal eſt donc l'auteur de ces *bons pour*, de ces Billets & de ces lettres ! Puiſqu'il ne prouve pas qu'ils ſont faux, c'eſt donc lui qui les a faits ? Puiſqu'il ne prouve pas que Madame de Saint-Vincent les a calqués, c'eſt donc lui qui les a donnés à Madame de Saint-Vincent ?

Le défaut de preuves contre Madame de Saint-Vincent devient donc une démonſtration accablante contre M. de Richelieu ; & il n'en faut pas d'autres pour le convaincre lui-même d'avoir fait les Billets. Combien cependant il en réſulte encore des efforts mêmes qu'il a faits pour établir la fauſſeté de ces Billets ? Tel eſt l'empire de la vérité, qu'elle bleſſe ſes ennemis avec les armesdont ils ſe ſervent contre elle ; & que du ſein des ténebres où ils la précipitent, elle lance des traits de lumiere qui éclairent leurs manœuvres & leurs intrigues ! Les artifices de M. le Maréchal ſe tournent aujourd'hui contre lui-même ; ils deviennent autant de témoins qui dépoſent hautement que les Billets ſont vrais ; que lui ſeul les a faits ; que lui ſeul les a donnés à Madame de Saint-Vincent.

Qu'on ſe rappelle la lettre-de-cachet, l'empriſonnement à la Baſtille, l'enlevement des pieces juſtificatives, la chartre-privée, les décrets *aux riſques*, *périls* & *fortunes* de M. le Maréchal, le changement des témoins de Madame de Saint-Vincent en accuſés, la ſubornation d'autres témoins pratiquée contre-elle ; qu'on ſe rappelle les injures, les outrages, les calomnies dont M. le Maréchal accable ſa parente infortunée ; qu'on ſuive la chaîne de toutes les injuſtices qu'il s'eſt permiſes pour la déshonorer & la perdre, & l'on conviendra que ſi ces odieux moyens n'ont point opéré de conviction contre Madame de Saint-Vincent, ils ont opéré au moins celle de M. de Richelieu lui-même, & démontré évidemment qu'il eſt l'auteur des Billets. Eh ! s'il ne les avoit pas faits, l'horrible accuſation qui retentit dans le monde entier ne ſeroit pas née. M. le Maréchal n'auroit pas fatigué ſa vieilleſſe des déſagrémens d'un procès criminel ; il n'auroit pas porté le déſeſpoir & la mort dans le ſein d'une famille illuſtre (1). Si les Billets ſont faux, que craint-il? que ne les laiſſe-t-il négocier? ce n'eſt pas lui, ce ſont les acheteurs de ces Billets que l'on trompe ; & il lui ſuffira de les déſavouer au moment de la repréſentation qui lui en ſera faite. Que ſi l'amour du bien public le tranſporte, & qu'il veuille s'oppoſer à une eſcroquerie, il n'a qu'à faire inſérer dans les Nouvelles Publiques; il n'a qu'à faire écrire chez tous les Notaires que les Billets qui courent dans le commerce ne ſont pas de lui, qu'il ne les payera jamais; à l'inſtant même les acquéreurs diſparoiſſent, la négociation tombe, & les Billets rentrent dans le néant. Mais intenter des accuſations ! mais former des inſcriptions de faux ! mais s'entourer de lettres-de-cachet, de Commiſſaires & de décrets! ..... Oui, M. le Maréchal a fait les billets, puiſque c'eſt ainſi qu'il les déſavoue.

Que l'on demande à tous les gens honnêtes ce qu'ils feroient s'il ſe négocioit ſous leurs noms des billets faux. En eſt-il aucun qui ſuivît la marche de M. de Richelieu? Combien de raiſons, dictées par le ſentiment & l'honneur, l'euſſent interdite encore plus ſévérement à M. de Richelieu lui même, s'il n'étoit pas l'auteur des Billets? Il voyoit à la tête de cette négociation une femme de la plus grande qualité, la femme d'un Magiſtrat reſpectable, la mere de deux enfans vertueux, ſa propre parente, celle qu'il avoit arrachée, malgré la réclamation d'une famille entiere, à la ſolitude d'un Cloître, cette *bonne & chere couſine* qu'il avoit tant aimée...... Et lui-même eût été ſon dénonciateur! & lui-même eût provoqué contr'elle les foudres de la Juſtice! & lui-même eût voulu la livrer à la honte & à l'opprobre! Non, M. le Maréchal ne ſe fut pas porté, ſans intérêt, à de pareilles horreurs.

---

(1) Le pere & le frere de Madame de Saint-Vincent ſont morts depuis le procès.

Qu'on se représente au contraire un homme qui, par complaisance, par foiblesse, par amour, peut-être même par intérêt, a donné des Billets avec défense de les négocier, & qui apprend que malgré ses défenses ces Billets sont livrés à la négociation. Que fera-t-il, s'il veut ne les pas payer ? il n'attendra pas qu'on en répete le paiement, parce qu'alors on pourroit produire des preuves contre lui. Il a fait des promesses ; il a écrit des lettres ; des témoins connoissent les billets, & tout cela peut devenir très-dangereux. Celui qui n'a pas fait de Billets ne craint pas qu'on lui oppose de preuves ; mais celui qui en a fait, les redoute ; & il ne veut pas en courir les hasards. Que fera-t-il donc pour s'y soustraire ? il surprendra l'autorité ; & le Commissaire Chesnon, accompagné de satellites, enlevera les lettres ; il fera ériger un Tribunal incompétent pour entendre les témoins, & le sieur Bachois les décrétera ; il aura recours à des scellés, à des emprisonnemens, à des interrogatoires ; à tout ce qu'il faut, en un mot, pour étouffer la voix de la vérité, & pour ensevelir dans les ténebres les témoins de sa honte & de son crime..... N'est-ce pas aussi ce que M. de Richelieu a fait ? que l'on réfléchisse attentivement à sa conduite, elle n'est explicable que dans la supposition des Billets vrais. Oui, encore une fois, il les a faits, puisque c'est ainsi qu'il les désavoue.

Pourquoi donc tant de recherches, de peines & de soins, pour savoir qui, de M. de Richelieu ou de Madame de Saint-Vincent, a fait & donné les billets ? Tout démontre qu'ils sont l'ouvrage de M. de Richelieu. Les murs du Palais retentissent de cette vérité ; elle pénetre d'elle-même dans l'enceinte de la Cour des Pairs ; chaque séance qu'elle consacre à la visite du procès, chaque pas qu'elle fait pour le juger ; ce volume de procédure qu'elle a sous les yeux, tout atteste que M. de

Richelieu est coupable. La Cour n'auroit pas à prononcer sur ces billets, s'ils n'avoient pas été faits par M. de Richelieu. Ils sont de lui, puisqu'ils sont le sujet d'une accusation criminelle ..... oui, il faut le répéter encore, c'est M. de Richelieu qui les a faits, puisque c'est ainsi qu'il les désavoue!

Dès le premier coup d'œil que l'on jette sur cet odieux procès, on est donc convaincu que les lettres & les billets ont été faits par M. de Richelieu; plus on approfondit ce mystere d'iniquité, plus la conviction augmente, & elle est portée enfin au plus haut degré d'évidence.

Ouvrez les lettres de M. de Richelieu; comparez celles qu'il désavoue avec celles qu'il ne désavoue pas; parcourez celles que Madame de Saint-Vincent a écrites elle-même, vous les trouverez toutes remplies de cette vérité, que M. de Richelieu a fait & donné les billets.

Il est au procès plus de cinq cents lettres de Madame de Saint-Vincent à M. de Vedel. Ces lettres écrites dans l'ivresse d'une passion violente & dans les transports d'une imagination exaltée; ces lettres que l'honnêteté & la pudeur condamnoient à un secret inviolable; ces lettres ont été arrachées à M. de Vedel par M. de Richelieu, & par lui exposées au grand jour. Ce n'est pas ici le moment de réclamer contre cette licence qui viole le droit des gens, renverse les barrieres les plus saintes, & foule aux pieds les loix de la propriété, de la Justice & de l'honneur. Ces lettres, telles qu'elles sont, que contiennent-elles de relatif aux billets? M. le Maréchal y a cherché des preuves de faux; le sieur Bachois en a fait le sujet des interrogatoires les plus indécens. Qu'en est-il résulté? Il n'est pas une seule de ces lettres, il n'en est pas une phrase, pas une ligne qui indique & dénote un faux.

Eſt-il poſſible que Madame de Saint-Vincent, qui épanchoit dans ces lettres tous les ſecrets de ſon cœur, qui chaque jour y traçoit les agitations de ſon ame, qui y exprimoit ſes peines ſes plaiſirs, ſes eſpérances, ſes allarmes, ſes actions, ſes projets, n'y eût point expliqué les myſteres du prétendu calquage dont elle faiſoit, ſi l'on en croit M. de Richelieu, ſa ſeule & unique occupation? & à qui étoient adreſſées ces lettres? A celui qui *étoit ſon complice*, *qui a connu le faux*, *qui y a coopéré*: car c'eſt ainſi que M. de Richelieu caractériſe M. de Vedel. Quoi! Madame de Saint-Vincent écrit tous les jours *à ſon complice*, & jamais elle ne lui parle du crime qu'ils projettent & qu'ils exécutent de concert! quoi! Madame de Saint-Vincent rend compte de ſes actions à celui *qui connoît le faux*, & jamais elle ne l'entretient de ce faux! quoi! Madame de Saint-Vincent ſe livre à toute l'effuſion de ſon ame avec celui qui *coopere* à un faux, & jamais cette coopération n'entre pour rien dans les confidences qu'elle lui fait! .... Le ſilence de ces lettres ſe change en une voix puiſſante, qui proclame la juſtification de Madame de Saint-Vincent: un aveu de la part de M. le Maréchal ne ſeroit pas plus déciſif.

Mais ces lettres, qui n'offrent aucun indice de faux, préſentent de toute part des traces de la vérité des billets. La correſpondance de Madame de Saint-Vincent avec M. de Richelieu, les promeſſes qu'elle recevoit de lui, les moyens par leſquels elle l'engageoit à les réaliſer, tout y eſt peint ſous les couleurs les plus vives. On y voit Madame de Saint-Vincent écrire ſans ceſſe à M. le Maréchal, pour obtenir de lui l'effet de ſes promeſſes & de ſes bienfaits; elle n'a preſque pas d'autre occupation. « J'ai écrit au Maréchal, dit-elle; ....
» enfin, je fais tout ce qui eſt poſſible POUR FINIR CETTE AF-

» FAIRE, en lui faiſant remarquer & entendre que la moindre » lenteur me cauſeroit la mort ». Ailleurs elle dit : « j'écris ce » matin au Maréchal, peut-être il aura pitié de m'avoir fait ſi » long-temps attendre, & de m'avoir cauſé le plus grand cha- » grin de ma vie » (1).

Lorſqu'elle éprouvoit des lenteurs de la part de M. de Richelieu, elle redoubloit auprès de lui de careſſes & d'inſtances. C'eſt alors qu'elle rempliſſoit ſes lettres de tout ce qui pouvoit le toucher & l'attendrir. » Je fonds en larmes encore, » dit-elle, . . . ſi tu ſçavois de quelle maniere j'ai inondé celle » du Maréchal, combien je ſuis pénétrée de tout ce que je lui » diſois..... Je ne ſçais à qui je puis m'adreſſer pour toucher ce » vieux Maréchal, & lui faire voir l'état où je ſuis.... Je veux » DE L'ARGENT ET LES EFFETS DE SES PROMESSES. Et plus loin : » Je viens d'écrire au Maréchal ; j'ai pleuré auſſi fort que » Dimanche. Je reſſemble à une lionne à qui on enleve ſes » petits ; je heurle comme un ſanglier des forêts. . . . Il n'eſt » pas poſſible qu'il ne faſſe promptement ce que je lui demande » avec tant de fureur à moins qu'il ne liſe pas mes lettres, ou » qu'il ne devine que je t'adore. S'il eſt ſorcier, il me réſiſtera.

M. le Maréchal, qui n'eſt pas ſorcier, ne reſiſtoit pas. Il répondoit ſur le champ ; il répétoit ſes promeſſes, leur donnoit plus d'étendue & d'aſſurance, & Madame de Saint-Vincent béniſſoit, dans la joie de ſon cœur, la main qui vouloit répandre ſur elle tant de bienfaits. » J'ai paſſé, s'écrie-t-elle, ma veillée à relire & » baiſer la lettre de ce bon Maréchal. Dieu veuille le faire

(1) Madame de Saint-Vincent ne ſçait pas dans qu'elle liaſſe, ſous quels numéros ſont cotées les lettres qu'elle cite. Mais ſes citations ſont très-exactes, & elle prie ſes Juges qui ont les lettres ſous les yeux, de vouloir bien les vérifier.

» vivre & mettre fin A TOUTES SES BONNES INTENTIONS » POUR MOI..... Hélas! c'eſt peut-être une de ces lettres tant relue & tant baiſée, que M. le Maréchal déſavoue aujourd'hui!

Si les retards que Madame de Saint-Vincent éprouve font naître quelques ſoupçons dans ſon ame, bientôt ces ſoupçons ſe diſſipent & fuyent loin d'elle ; ils outragent trop celui qu'elle ne regarde encore que comme un parent & un bienfaiteur. » Non, s'écrie-t-elle, le Maréchal n'eſt pas un coquin ni un » malhonnête homme, il ne me trompe pas. Et ailleurs : » Je » crois le Maréchal de bonne foi. Plus j'y penſe, plus j'en » ſuis ſûre.... Combien M. le Maréchal s'eſt appliqué depuis à changer l'opinion de Madame de Saint-Vincent!

Avec quelle impatience elle attend la réponſe d'une lettre qu'elle a écrite & dont elle s'eſt promiſe le plus grand ſuccès! » J'ai fait dire au facteur de venir me trouver de bonne heure, » afin qu'il ne me faſſe pas languir. Je mourrois ſi je n'en avois » pas. Le cœur m'en bat déja..... nous ne ſommes plus en état d'attendre.

En vain repréſente-t-on à Madame de Saint-Vincent que M. le Maréchal ne ſe pique pas de remplir exactement ſes promeſſes ; qu'il ſort peu d'argent de ſes mains, & que celui qu'il promet pourroit bien n'être qu'une chimere, non, dit-elle, en parlant de ces mêmes promeſſes, » je ne peux croire que » l'on ait bâti ce compte ſur la pointe d'une aiguille. A la » place où eſt le Maréchal, il avoit tant de choſes à me faire » eſpérer où ſa dignité ne ſeroit pas compromiſe, quand même » ſes promeſſes n'auroient pas eu lieu, mais vouloir DONNER » DE L'ARGENT ſans qu'on lui en demande, faire tout ce qu'il » faut POUR EN AVOIR, écrire mille lettres A VOUS, à moi & à » d'autres, & tout cela pour ſe jouer! Cela n'eſt jamais entré

» dans la tête d'aucun homme, & sur-tout dans celle d'un » homme que toute la France regarde & qui ne mettroit pas » les rieurs de son côté, parce que je ne fais pas une mauvaise » figure d'attendre ses promesses, & lui, en feroit une ridicule » si je montrois ses lettres. Qu'il soit en vie ou mort, il doit » ménager sa mémoire.

M. le Maréchal a craint de faire *une figure ridicule*, & pour que Madame de Saint-Vincent ne montrât pas ses lettres, il les lui a enlevées. Celles qui ont échappé au Commissaire Chesnon, ont été livrées au bras de l'Expert Paillasson; & les talens de l'Expert & du Commissaire réunis, ont preservé M. le Maréchal de tous ces titres dangereux, qui auroient pu offenser la *mémoire d'un homme que toute la France regarde, & qui n'auroit pas mis les rieurs de son côté* . . . . Revenons aux lettres de Madame de Saint-Vincent.

Quelle foule d'inductions & de conséquences on peut tirer de ces lettres! Quel champ elles offrent à la discussion & au raisonnement! Madame de Saint-Vincent desiroit avec ardeur que M. de Richelieu exécutât enfin *ses promesses*; M. de Richelieu a donc fait des promesses à Madame de Saint-Vincent. Madame de Saint-Vincent *n'est plus en état d'attendre* les bienfaits de M. de Richelieu; elle avoit donc jusqu'alors vécu dans l'attente de ces bienfaits. Elle souhaite que *le bon Maréchal vive* & mette fin *à toutes ses bonnes intentions* pour elle; M. le Maréchal avoit donc pour elle de bonnes intentions. Elle croit M. le Maréchal *de bonne foi*; elle avoit donc intérêt à ce qu'il ne la trompât pas. *Elle veut de l'argent & les effets de ses promesses*; M. le Maréchal lui avoit donc promis de l'argent. Ces raisonnemens peuvent s'étendre à l'infini, & l'on ne voit pas trop ce que M. le Maréchal y répondra.

Dira-t-il que les détails contenus dans ces lettres, ne sont que des folies & des fables ? Mais c'eſt lui-même qui les a fait ſaiſir, & qui les a produites ; il en argumente ſans ceſſe, il les analyſe, il les commente, il en tire des indices, des préſomptions, des inductions de toute eſpece, feroient-elles des vérités dans ſa bouche, & des fables dans celle de Madame de Madame de Saint-Vincent ?

Dira-t-il que tous ces détails n'avoient pour but que de tromper le ſieur de Vedel ? Mais, en ce cas, le ſieur de Vedel eſt de bonne foi, & il n'eſt donc plus complice. Or, ſur quoi eſt appuyée la bonne foi du ſieur de Vedel ? Interrogez-le lui-même. Il vous répondra : *qu'à Poitiers, il a porté ſouvent à la poſte les lettres que Madame de Saint-Vincent écrivoit à M. le Maréchal ; qu'il a vu ſouvent arriver par la poſte les réponſes de M. le Maréchal à Madame de Saint-Vincent, & que dans ces lettres & dans ces réponſes, il étoit queſtion de promeſſes d'argent.* Il vous dira : *qu'à Paris, il a porté à l'hôtel de M. de Richelieu des billets non ſignés, & qu'il a revu le lendemain ces mêmes billets ſignés entre les mains de Madame de Saint-Vincent**. Interrogez enſuite M. le Maréchal. Il vous répondra : *que le ſieur de Vedel en impoſe ; qu'il n'a pas vu arriver par la poſte des lettres contenant des promeſſes d'argent ; qu'il n'en a point porté à la poſte ; qu'il n'a point porté non plus à l'hôtel de Richelieu les billets non ſignés ; que tout cela eſt faux ; que tout cela n'eſt qu'un complot imaginé entre lui & Madame de Saint-Vincent**.

* Voyez les interrogatoires, récollemens & confrontations du ſieur de Vedel.

* Voyez les Mémoires de M. le Maréchal contre le ſieur de Vedel.

Voilà donc le Sr de Vedel qui redevient complice. Quand ſa bonne foi peut s'adapter au ſyſtême de M. le Maréchal, alors on ne la conteſte pas, & l'on dit qu'il a été trompé par Madame de Saint-Vincent : quand cette bonne foi contrarie les prétentions de M. le Maréchal, alors on la révoque en doute, & l'on aſſure qu'il eſt complice. Eh bien ! complice, ſoit,

Il connoissoit donc la fausseté des lettres de M. de Richelieu, & il savoit qu'elles étoient fabriquées par Madame de Saint-Vincent ; il savoit que c'est sur le calquage seul, & non sur la générosité de M. le Maréchal, qu'étoit fondé tout l'espoir de Madame de Saint-Vincent. Mais alors Madame de Saint-Vincent lui auroit-elle dit à lui-même, & dans tout le secret d'une confidence mystérieuse, qu'elle *écrivoit à M. le Maréchal ; qu'elle desiroit avec impatience qu'il mît fin à ses bonnes intentions pour elle ; qu'elle vouloit de l'argent & les effets de ses promesses ; qu'elle n'étoit plus en état d'attendre, &c. &c.* Lui auroit-elle écrit qu'elle *avoit reçu des lettres de M. le Maréchal ; que le Maréchal étoit de bonne foi, & qu'il tiendroit sa parole ; qu'il ne l'avoit pas donnée pour se jouer, &c &c.* Une telle supposition est le comble du délire. Oui, il faut être en démence pour croire que, tandis que Madame de Saint-Vincent auroit fabriqué, de concert avec le sieur de Vedel, des lettres sous le nom de M. de Richelieu ; elle eût dit au sieur de Vedel lui-même, que que ces lettres venoient de M. de Richelieu ; que tandis qu'elle n'auroit reçu aucune promesse de M. le Maréchal, & qu'elle eût été réduite à en fabriquer de fausses, elle eût écrit au sieur de Vedel, instruit de toute cette fausseté, qu'elle attendoit enfin l'effet des promesses de M. le Maréchal ; que tandis qu'il n'auroit pas été question d'argent entr'elle & M. le Maréchal, elle se fût vantée, vis-à-vis le sieur de Vedel, qui auroit sçu que cet argent n'étoit qu'une chimere, de l'espoir qu'elle avoit de toucher enfin cet argent. Si le Maréchal finissoit nos » peines, lui dit-elle encore dans une de ses lettres, nous se» rions heureux ; . . . » & ce sont des complices qui parlent ainsi ! & ce sont des fabricateurs de titres contre M. de Richelieu, qui attendent que M. de Richelieu *finisse leurs peines* !

.... On eſt révolté de tant d'abſurdités & d'inconſéquences, & l'on rougit, en les réfutant, pour ceux qui oſent les propoſer.

M. le Maréchal dira peut-être que le ſieur de Vedel n'a pas été initié d'abord dans les myſteres du faux; qu'il a commencé par être dupe, & que c'eſt dans le temps de ſa bonne foi que Madame de Saint-Vincent lui a écrit les lettres dont nous parlons.

Cette réponſe ne feroit qu'une ineptie de plus. M. le Maréchal l'a déja haſardée, & il a fixé le moment où il dit que le ſieur de Vedel a ceſſé d'être dupe; *c'eſt dès Poitiers*: * ſuivant lui, que le Major *a connu toute la fauſſeté de cette intrigue*. Or, après cette époque, après avoir quitté Poitiers, après l'arrivée de Madame de Saint-Vincent à Paris, Madame de Saint-Vincent tenoit encore le même langage au ſieur de Vedel: elle lui rendoit compte encore des démarches qu'elle faiſoit auprès de M. le Maréchal, & des moyens qu'elle employoit pour le déterminer à l'exécution de ſes promeſſes: » ne crains point, lui dit-elle, que je laiſſe réfroidir la bonne » volonté du Maréchal; je fais venir SUBE pour lui écrire, » afin de ne rien faire de ma tête; d'ailleurs les ordres ſont » donnés ſincérement; *il ne peut pas en revenir*; & nous n'at» tendons qu'une réponſe qui viendra certainement ». Madame de Saint-Vincent ne faiſoit pas venir *Sube* à Poitiers; c'eſt donc à Paris; c'eſt donc après toute la connoiſſance que l'on attribue à M. de Vedel de *la fauſſeté de cette intrigue*, que Madame de Saint-Vincent l'entretenoit encore des lettres & des promeſſes de M. le Maréchal. . . . .

* Pag. 3, 5 & 6 du Précis contre M. de Vedel.

La bonne foi du ſieur de Vedel eſt donc conſtatée après ſon départ de Poitiers; elle l'eſt auſſi, même après l'époque des billets donnés à Madame de Saint-Vincent. Dans une lettre qu'elle lui écrit à Rouen, (1) où étoit alors en garnison le régiment Dauphin, elle s'exprime ainsi : « je t'envoie, pour t'amuser, » la consultation de Sube, pour le placement de mon argent sur » les indes ou les fermes; . . . . tu liras la consultation que » Sube a fait faire; . . . . j'attends les jours qui doivent assurer mon bonheur & mon repos ». Il est évident que cette lettre suppose l'existence des billets, puisqu'elle parle de placer l'argent qui doit en provenir; il n'est pas moins évident qu'elle suppose la vérité de ces billets. Des faussaires qui auroient négocié des billets faux, auroient-ils cherché à placer leur argent, & espéré jouir en paix du fruit de leurs forfaits? Ce projet *de placer son argent*, n'exclut-il pas nécessairement toute idée de machination & de crime? Que deviennent d'ailleurs tous les projets de fuite que M. le Maréchal impute à Madame de Saint-Vincent? Songe-t-elle à fuir? Non; elle pense, au sein de Paris, *à placer l'argent* de ses billets; elle demande une consultation sur la maniere de faire ce placement; & à qui s'adresse-t-elle pour cette consultation? A *Sube*, Contrôleur de M. le Maréchal; à *Sube* qu'elle avoit déja consulté pour *ne rien faire de sa tête*, & ne pas laisser *refroidir la bonne volonté du Maréchal;* à *Sube* qui connoissoit la vérité des billets; à *Sube* qui a affirmé, lors de la négociation, que *les signatures étoient bien de M. le Maréchal*; (2) à Sube qui, en conséquence de cet aveu, a été décrété par le sieur Bachois, à Sube qui a été chassé par M. le Maréchal, pour n'avoir pas voulu se rétracter, à *Sube* enfin, qui depuis peu est mort subitement.

(1) M. de Vedel n'a été à Rouen qu'au mois d'Août 1773, pour y passer la revue d'Inspecteur; & Madame de Saint-Vincent est arrivée à Paris au mois de Mars 1773.

(2) Voyez la déposition des sixieme, septieme & dix-huitieme témoins de la premiere information de Paris.

Nous sera-t-il permis de rapporter encore une lettre, qui pourroit bien donner le mot de l'énigme des billets, & révéler leur origine. « J'ai reçu lundi une lettre de M. le Maréchal, » dit Madame de Saint-Vincent, il me parle de mes affaires, & » promet qu'elles seront décidées à Fontainebleau; & il n'y a, » dit-il, que le Roi, M. de la Vrilliere & moi, qui en ayons » connoissance; il me fait tout espérer du premier au douze » Octobre; Dieu le veuille ». . . . . Nous nous abstenons de toute réflexion sur cette lettre : Mais qu'on la compare avec celle où Madame de Saint-Vincent dit, en parlant de M. le Maréchal, « promettre de l'argent POUR EN AVOIR »; (1) & que l'on ne s'étonne plus de ce que les billets, qu'il a faits, sont portés à des sommes aussi fortes! *ce sont des affaires qui devoient être décidées à Fontainebleau* : Que l'on s'étonne plutôt de ce qu'il a eu la générosité de n'en pas donner à Madame de Saint-Vincent pour plusieurs millions!

Nous pourrions citer une foule d'autres lettres de Madame de Saint-Vincent au sieur de Vedel, & toutes attesteroient la vérité des billets. Ces lettres ne peuvent se concilier avec l'idée d'un faux exécuté par Madame de Saint-Vincent, & connu du sieur de Vedel; elles répugnent nécessairement à une pareille supposition : mais qu'on les adapte aux promesses que M. le Maréchal faisoit à Madame de Saint-Vincent, alors toute ambiguité disparoît, les lettres s'expliquent d'elles-mêmes. Les desirs impatiens de Madame de Saint-Vincent; les lenteurs affectées de M. le Maréchal; la frayeur, l'espoir, la défiance, la sécurité, toutes les agitations d'une ame tour à tour

(1) Madame de Saint-Vincent ne dit pas que M. le Maréchal promet de l'argent pour en donner, mais pour EN AVOIR. . . . . Lecteur! promettre *de l'argent pour en avoir!* comme cette maniere *de promettre* n'est pas commune, il ne faut pas être surpris que M. le Maréchal ait aussi une maniere peu commune de tenir ses promesses.

inquiete & confiante, s'y peignent avec les couleurs qui leur ſont propres : non, on ne peut y méconnoître la certitude des promeſſes faites, par M. le Maréchal, à Madame de Saint-Vincent !

Que M. le Maréchal n'ait extrait de ces lettres que ce qu'il jugeoit favorable à ſon ſyſtême, & qu'il ait paſſé ſous ſilence tout ce qui démontre évidemment la vérité de ſes promeſſes, on n'en ſera pas ſurpris; mais que le ſieur Bachois, qui a puiſé auſſi dans ces lettres le ſujet de ſes longs & mortels interrogatoires, n'y ait pas trouvé une ſeule phraſe à la décharge des accuſés; que tout ce qui y établit leur innocence, ait échappé à ſa pénétration; qu'aveugle volontaire ſur cet objet, il ſe change en linx pour leur ſuppoſer des crimes; c'eſt le comble de la prévention & de l'injuſtice. Un jour viendra où la priſe à partie le forcera d'éclairer ſa conduite : ſa partialité révoltante, ſon aſſerviſſement aux ordres de M. le Maréchal, ſeront ſévérement punis par le Tribunal auguſte, qui ne protege que la juſtice, la vérité & les loix.

Aux lettres écrites par Madame de Saint-Vincent à M. de Vedel, il faudroit pouvoir ajouter celles écrites par Madame de Saint-Vincent à M. le Maréchal lui-même. Comme la vérité des billets y paroîtroit auſſi à découvert! Mais M. le Maréchal eſt trop habile pour que ces lettres ſortent jamais de ſes mains. Madame de Saint-Vincent l'a déja défié publiquement, de produire celles qu'elle lui a écrites à l'époque des billets; elle lui fait encore publiquement le même défi.

Voyons donc celles qu'il a écrites lui-même. Il en eſt trente-ſept au procès. De ces trente-ſept, il en déſavoue vingt-deux, & il ne déſavoue pas les quinze autres. Ces lettres déſavouées, celles qui ne le ſont pas, tout démontre également qu'il a fait des promeſſes & donné des billets.

Faut-il répéter encore combien il est absurde d'attribuer à un faussaire la fabrication de vingt-deux lettres, & combien leur prétendu calquage est digne de mépris? Puisque M. le Maréchal n'a que de semblables preuves de leur fausseté, n'est-il pas évident, par cela seul, que les lettres sont vraies? Mais d'ailleurs cette vérité éclate de toute part, elle est inhérente aux lettres mêmes; c'est la main de M. le Maréchal qui les a écrites, & on y reconnoît son caractere physique; c'est son génie qui les a enfantées & on y reconnoît son caractere moral. Voyez-en l'écriture, voyez-en le style; par-tout vous retrouverez M. de Richelieu.

Au nombre des lettres désavouées se trouve celle-ci: » Je » ne perds point de vue, je vous assure, de faire solliciter » la pension de votre tante, ma chere cousine: J'ai assurément » parlé à ceux que vous croyez qui font obtenir; mais que » votre tante prenne un peu de patience & vous aussi, ma » belle cousine, si vous pouvez; & fiez-vous à mon zele pour » ce que vous désirez, & aux soins que j'aurai de cette affaire; » je ne puis vous renvoyer les lettres, car je les ai laissées à » Paris dans mon bureau dont je ne puis confier la clef à » personne. A Compiegne, ce 18 Août..... ». Et Madame de Saint-Vincent auroit calqué cette lettre! Quel intérêt eût donc conduit sa main & sa plume? Eh! qu'importe que M. le Maréchal paroisse écrire *qu'il a parlé à ceux qui font obtenir*, s'il n'a parlé à personne, & s'il n'a rien obtenu? A quoi cette lettre peut-elle servir? N'est-il pas évident qu'elle ne peut être que l'ouvrage de M. de Richelieu lui-même? Madame de Saint-Vincent prouveroit, s'il en étoit besoin, que réellement M. le Maréchal a sollicité ou du moins promis de solliciter une pension pour Madame de ..... sa tante; & cependant M. le Maréchal désavoue aujourd'hui cette lettre!

Il en désavoue une autre conçue en ces termes : » Ma chere » cousine, votre tête est bien mauvaise, mais on peut s'en » passer lorsqu'on a un bon cœur, &c. . . . . . Je compte aller » voir tout cela du quinze au vingt de ce mois qui est bientôt, » comme vous voyez. Je crois qu'il vaudra mieux que j'aille » vous voir ; car sans cela B. . . . . viendroit me voir & nous » importuneroit ; & au lieu de cela, je ferai dire que je me » leverai tard ; & au lieu de cela je me leverai de bonne heure, » & irai lui faire une petite visite, & de là chez la cousine ».

Encore une fois, Madame de Saint-Vincent auroit-elle calqué une lettre semblable ? Peut-on supposer qu'occupée du projet de fabriquer des titres faux pour cent mille écus, elle eût pris, pour parvenir à ce but, la route qui ne pouvoit l'y conduire ? Que M. l'Intendant de Poitiers importune ou n'importune pas M. de Richelieu ; que M. de Richelieu fasse dire qu'il se leve tard, & qu'au lieu de cela il se leve de bonne heure ; qu'est-ce que tout cela fait à des billets ? . . . Madame de Saint-Vincent n'a donc point calqué cette lettre. M. le Maréchal seul peut l'avoir écrite ; & cependant M. le Maréchal la désavoue !

Dans une autre, également désavouée, on lit ces mots : » Ce n'est indifférence ni abandon, ma chere cousine, qui m'a » empêché de voler vous voir, mais la quantité de monde & » une lettre que je viens de recevoir du Roi qui me fait presser » de partir pour Fontainebleau. Le Roi est dans de très- » grands embarras des Ministres. Je n'ai pas le temps de vous » le conter ». Et dans une autre : » La Cour est fort troublée, » n'en parlez pas ; j'y séjourne plus pour le Duc que pour moi. . Et M. le Maréchal n'est point l'Auteur de ces lettres ! à qui donc veut-on faire croire que Madame de Saint-Vincent les ait calquées ? Ces lettres remplies d'objets qui lui sont étrangers, de détails qui ne pouvoient lui être connus ; ces lettres dont la fabrication & l'existence eussent été inutiles à ses projets, peuvent-elles donc être son ouvrage ? Non, il ne faut pas d'autres preuves de la vérité des lettres, que les lettres elles mêmes. Il suffit de ce qu'elles contiennent, pour être assuré qu'elles sont de M. le Maréchal.

Combien encore cette vérité est certaine par l'usage même que l'on a fait de ces lettres ! Madame de Saint-Vincent avoit engagé M. le Maréchal à demander, au Bureau de la Guerre, une grace pour M. de Vedel, & M. le Maréchal avoit promis de la solliciter : voici ce qu'il écrivoit à ce sujet. « J'ai parlé à » M. d'Aiguillon dans le moment : à présent il ne seroit pas » raisonnable de penser qu'il ne consultât pas avec M. de la » Vauguyon ; il faut qu'il donne ses mémoires, qu'il les appuie » sincérement; & ce ne pourroit être que dans ce cas où Vedel » pourroit se plaindre, ce qui ne sera vraisemblablement pas. » Soyez tranquille, & lui aussi, à cet égard ; & qu'il fasse agir » son Colonel avec chaleur, & vous lui dirai que j'en mettrai » de mon côté auprès de M. d'Aiguillon ».

L'impatiente Madame de Saint-Vincent ne pouvoit être satisfaite de la chaleur des sollicitations de M. le Maréchal, nécessairement distrait par une foule d'autres objets; elle imagina de lui demander une lettre par laquelle il autoriseroit le sieur Benavent à solliciter en son nom dans les Bureaux de la Guerre. La lettte fut portée toute écrite à M. le Maréchal, qui la signa, & Madame de Saint-Vincent l'a vu signer. Aujourd'hui, cependant, cette signature, ainsi que la lettre que nous venons de rapporter, est désavouée par M. de Richelieu, & déclarée fausse par Paillasson. Mais prétendre que Madame de Saint-Vincent ait fabriqué une lettre qui parle des sollicitations de M. le Maréchal, tandis que M. le Maréchal ne faisoit aucune sollicitation ; qu'elle ait calqué une signature qui autorisât le sieur

Benavent à se montrer, au nom de M. de Richelieu, dans les Bureaux de la Guerre, tandis que M. de Richelieu n'avoit point donné d'autorisation; il faut le répéter sans cesse, c'est une absurdité révoltante.

Il y a plus, ces lettres ont été montrées à M. le Duc de la Vauguyon, Colonel du sieur de Vedel; à M. le Duc d'Aiguillon, alors Ministre de la Guerre; & au sieur Charlot, premier Commis (1). Le sieur Charlot a gardé même pendant quelque tems celle écrite au sieur Benavent, afin qu'il pût la remettre sous les yeux du Ministre, & lui rappeller l'intérêt que M. le Maréchal prenoit à l'avancement de M. de Vedel. Nous le demandons à tout homme éclairé & non prévenu, cette publicité que l'on donnoit aux lettres, ne prouve-t-elle pas, sans réplique, qu'elles sont de M. de Richelieu?

M. le Maréchal lui-même a connu l'usage que l'on faisoit de ces lettres; il a connu la négociation des billets; pourquoi n'a-t-il pas réclamé sur-le-champ? La premiere négociation est du mois de Novembre 1773, & la lettre de cachet du mois de Juillet 1774. M. le Maréchal a resté à Paris jusqu'au mois de Juin 1774 : son Notaire étoit instruit de la négociation du mois de Novembre, puisqu'avant de la consommer, on a été plusieurs fois vérifier les signatures chez lui. Est-il croyable que M. le Maréchal n'ait pas appris, depuis le mois de Novembre jusqu'au mois de Juin, l'existence d'un effet de vingt mille écus, qui avoit été représenté à son Notaire?

La seconde négociation au moins n'a pu lui être inconnue. Même vérification faite chez son Notaire; autre vérification chez M. Chabans son Avocat au Conseil, & chez Me Huchrard son Procureur. Ce n'est pas tout; le sieur Rubit desire en con-

(1) C'est un fait que le sieur Charlot n'a pas oublié, & il est trop honnête pour ne pas le certifier, s'il en est besoin.

férer avec M. le Maréchal lui-même, & les vendeurs y consentent . . . . Qu'on ne dise donc plus que les billets sont faux! oui, il est absolument impossible que des faussaires permettent jamais aux acheteurs des billets, de les représenter, avant la négociation, à celui dont ils portent la fausse signature. Ne seroit-ce pas dévoiler, par cette seule démarche, leur fausseté & leur crime ?

On sait qu'il fut impossible au sieur Rubit de parvenir jusqu'à M. le Maréchal : il trompe la vigilance du Suisse; il pénetre jusqu'à une seconde antichambre ; il fléchit les valets; un d'eux l'annonce, & M. le Maréchal répond qu'il le verra *en passant*; mais il s'échappe par un escalier dérobé; & déja il est loin de Rubit, que Rubit attend encore *qu'il passe*.

Quelque temps après M. le Maréchal s'apperçoit que l'appartement de Madame de Saint-Vincent est orné de meubles riches. Cette magnificence l'inquiéte : « d'où vous vient tout » cela, lui dit-il? De vous, mon cher cousin ». M. le Maréchal ne répond pas (1).

Pourquoi ce silence de M. le Maréchal vis-à-vis Madame de Saint-Vincent ? Pourquoi cette obstination à refuser de voir Rubit ? N'étoit-ce pas pour éviter toute explication sur les billets? Il n'étoit pas temps encore de dire qu'ils sont faux. Madame de Saint-Vincent auroit produit en un instant cent preuves de leur vérité. Il ne vouloit pas avouer non plus qu'ils sont vrais; c'eût été consentir à les payer. Que faire donc ? Dissimuler avec Madame de Saint-Vincent , & dire à Rubit d'attendre *qu'il passe*.

Le moment arrive enfin, où M. le Maréchal passe, & où il s'explique; mais la maniere dont il parle, comme celle dont il se tait; les précautions qui devancent ses aveux, comme celles

(1) Ceci s'est passé en présence de deux Dames qui étoient alors chez Madame de Saint-Vincent; & M. le Maréchal ne le niera pas.

qui les retardent, tout n'annonce-t-il pas qu'il a donné les billets & écrit les lettres?

Des témoins vont joindre leurs voix à cet éclatant témoignage que M. de Richelieu produit lui-même. Le sieur Dufour * dépose que « M. l'Abbé de Villeneuve lui ayant remis » deux billets de M. le Maréchal de Richelieu, lui fit voir, » *pour l'assurer de la sincérité des signatures, nombre de lettres* » *de M. le Maréchal à Madame de Saint-Vincent, chaque* » *lettre portant le cachet de M. le Maréchal*. Or, ces lettres *au cachet de M. le Maréchal*, ne sont-elles pas de M. le Maréchal lui-même?

* Dix-huitieme témoin de la premiere information de Paris.

Le sieur de Vedel déclare * « *qu'il a vu souvent arriver, par* » *la poste à Poitiers, des lettres de M. le Maréchal* à *Madame* » *de Saint-Vincent, lesquelles lettres étoient remplies de pro-* » *messes d'argent, & que souvent il a porté à la poste les répon-* » *ses de Madame de Saint-Vincent* ». Or, des lettres arrivées par la poste, aux armes & de l'écriture de M. le Maréchal, ne sont-elles pas de M. le Maréchal lui-même?

* Interrog. du sieur de Vedel.

En vain M. le Maréchal essaieroit il de diminuer la force de ce témoignage, sous le prétexte d'une complicité chimérique: que répondra-t-il à la déposition de M. l'Abbé Froment, Aumônier du couvent de la Miséricorde? Cet Ecclésiastique de mœurs honnêtes, d'une conduite irréprochable, d'une réputation intacte, dépose * « que Madame la Présidente de S. Vin- » cent étant arrivée à Paris il y a environ dix-huit mois, & » ayant pris un appartement au couvent de la Miséricorde, il » a eu l'occasion de la voir souvent; elle lui a fait part qu'elle » étoit parente de M. le Maréchal de Richelieu qui avoit beau- » coup de bontés pour elle, & lui *promettoit d'arranger ses* » *affaires & de lui faire un sort considérable*. Le déposant a vu » différentes fois le Maréchal de Richelieu venir voir Madame

* Vingt-septieme témoin de l'information de Paris.

» de Saint-Vincent à ce couvent. La confiance que Madame » de Saint-Vincent avoit prise dans le déposant, l'a portée à » lui faire part que M. le Maréchal lui avoit fait un mandat de » cent mille écus sur le sieur Peixotto ».

L'Abbé Froment rend compte ici du premier mandat qu'il a vu entre les mains de Madame de Saint-Vincent, ainsi que du second titre substitué à ce mandat de mauvaise forme, qu'il a vu également : & il ajoute « que Madame de Saint-Vincent, » par le même motif de confiance qu'elle avoit en lui, lui a » montré plusieurs fois les lettres qu'elle écrivoit à M. le Maré- » chal, & plusieurs de celles qu'elle disoit aussi avoir reçues de » lui, dans lesquelles lettres, *soit de madame de Saint-Vincent*, » *soit de M. le Maréchal*, le déposant se souvient *qu'il étoit* » *question d'argent que Madame de Saint-Vincent attendoit &* » *que M. le Maréchal promettoit.*

» Le déposant a été plusieurs fois témoin de l'arrivée d'un » laquais que Madame de Saint-Vincent disoit être celui de » M. le Maréchal ; *lequel laquais apportoit des letres qui* » *étoient remplies de témoignages d'affection & de zele pour* » *les intérêts de Madame de Saint-Vincent;* le déposant » a vu, dans quelques-unes de ces lettres, que la visite de M. » le Maréchal étoit annoncée à Madame de Saint-Vincent ; & » il a été témoin que M. le Maréchal VENOIT EFFECTIVEMENT » VOIR MADAME DE SAINT-VIINCENT AU JOUR MARQUÉ DANS » LES LETTRES ».

Qu'ici disparoisse toute incertitude sur la vérité de ces lettres ; & que l'on rougisse désormais d'avoir osé dire qu'elles ne sont pas de M. de Richelieu ! c'est de sa main qu'elles sont écrites ! c'est de son hôtel qu'elles sortent ; c'est son laquais qui les porte.... ames honnêtes ! & c'est lui qui les désavoue !

On répétera peut-être cette platitude déja avancée dans

plusieurs Mémoires, que Madame de Saint-Vincent, *pour faire illusion à l'Abbé Froment, & se ménager un témoignage de sa part, apostoit un quidam habillé de rouge, qui lui remettoit les lettres en sa présence*: mais nulle idée de fourberie ne peut être admise dans l'envoi des lettres & l'arrivée du laquais. C'est Madame de Saint-Vincent, il est vrai, qui dit à l'Abbé, que *le laquais est celui de M. le Maréchal*: mais n'est-ce pas effectivement le laquais de M. le Maréchal? les lettres qu'il porte ne sont-elles pas réellement de M. le Maréchal, puisque l'Abbé Froment affirme « *qu'il a vu, dans quelques-unes de ces lettres, que* » *la visite de M. le Maréchal étoit annoncée à Madame de Saint-* » *Vincent; & il a été témoin que M. le Maréchal venoit effec-* » *tivement voir Madame de Saint-Vincent* AU JOUR MARQUÉ » DANS LES LETTRES? M. le Maréchal auroit-il fait ce qui étoit indiqué par les lettres, si ces lettres n'eussent pas été écrites par lui?

On se rappelle que lors de la troisieme conversion des billets, Madame de Saint-Vincent en fit faire les modeles par Me Garisson de la Tour, Avocat au Parlement; & que M. de Vedel porta lui-même, à l'hôtel de Richelieu, le paquet qui contenoit ces billets non signés. Le lendemain Madame de Saint-Vincent entre, après l'office, dans l'appartement de l'Abbé Froment, qui étoit porte à porte du sien; & tandis qu'elle s'y promene avec lui, arrive le laquais de M. le Maréchal, qui rapportoit ces billets. Ecoutons encore l'Abbé Froment.

« *Un laquais*, habillé de rouge, passa devant la porte du » déposant, QUI LE VIT TRÈS-BIEN, & *qu'il crut être le même* » *que celui venu plusieurs fois porter d'autres lettres*: Madame » de Saint-Vincent dit au déposant; *voilà le laquais de M. le* » *Maréchal*. Elle passa dans son appartement avec le laquais, » & revint un instant après dans la chambre du déposant, au-

» quel elle montra un paquet AUX ARMES DE M. LE MARÉCHAL, » qui contenoit ſous enveloppe un billet au porteur, de cent » mille écus, payable dans trois ans; & deux de ſoixante mille » livres chacun, payables, l'un dans un an, & l'autre dans » dix-huit mois; leſquels trois billets datés, à ce qu'il croit, » du 13 Novembre 1773, étoient ſignés, *le Maréchal Duc de* » *Richelieu*, *avec le bon pour*, *de la même main que la ſignature*. » Le dépoſant vit auſſi une lettre d'envoi, contenue avec les » billets dans le paquet, *de la même main que la ſignature des* » *billets* ».

Eſt-il rien de plus ſimple, de plus clair & de moins ſuſpect, que cette dépoſition! comme elle reſpire d'un bout à l'autre la candeur & la bonne foi! eſt-il rien auſſi qui caractériſe mieux la vérité des billets. On voit que ces billets ſont apportés par un laquais que l'Abbé Froment *croit être le même que celui qui eſt venu porter d'autres lettres*; & la croyance de l'Abbé Froment eſt ſolidairement établie, puiſqu'il affirme QU'IL A TRÈS-BIEN VU ce laquais.

On n'a pas oublié que ce même laquais, porteur d'autres lettres, eſt vraiment le laquais de M. de Richelieu, puiſque ces autres lettres annonçoient des viſites que *M. le Maréchal faiſoit effectivement au jour marqué*.

Il eſt donc certain que les billets ont été apportés par le laquais de M. le Maréchal; il eſt donc certain que les billets & les lettres ſont de M. le Maréchal.

Vainement objecteroit-on que l'Abbé Froment n'a pas vu décacheter le paquet; que Madame de Saint-Vincent ſeule l'a ouvert; qu'elle a paſſé dans ſon appartement, repaſſé dans celui de l'Abbé, &c. &c. &c. Cela même eſt une preuve de vérité & de bonne foi.

Qu'on

Qu'on ſe repréſente Madame de Saint-Vincent qui ſe promene dans la chambre de l'Abbé Froment. Elle s'apperçoit que le laquais qui lui apporte chaque jour les lettres de M. le Maréchal entre chez elle ; » ah ! s'écrie-t-elle, voilà le laquais » de M. le Maréchal ». Elle court à lui, prend le paquet, l'ouvre, y voit les billets, & rentre à l'inſtant chez l'Abbé. N'eſt-ce donc pas là la marche de la nature ? Combien les précautions du crime ſeroient plus réfléchies ! Si la fraude avoit conduit au couvent de la Miſéricorde un laquais avec des billets trompeurs, vingt témoins l'auroient vu arriver, le paquet eût été décacheté en préſence de tous ces témoins, tous auroient vu les billets ; mais être ſeule chez l'Abbé Froment, s'élancer vers le laquais, ouvrir à la hâte le paquet qu'il porte, voir les billets & la lettre & rentrer précipitamment chez l'Abbé tenant encore cette lettre, ces billets, & leur enveloppe à la main ; ces mouvemens, ces démarches, cette ſorte de déſordre, tout ne peint-il pas l'agitation d'une ame affectée, & non les artifices étudiés de l'impoſture ?

Sous quelque point de vue que l'on enviſage cette dépoſition de l'Abbé Froment, elle eſt déciſive contre M. de Richelieu. Auſſi rien n'a été oublié pour l'enlever à Madame de Saint-Vincent. Dans les perquiſitions que le Commiſſaire Cheſnon fait à la Miſéricorde, il a grand ſoin de fouiller dans les armoires & les ſecrétaires de l'Abbé Froment, il viſite tous ſes papiers, & il examine s'il n'y en a aucun qu'il ſoit utile de ſouſtraire. Enſuite on l'entend comme témoin à la Baſtille. Sa dépoſition déplaît, mais on eſpere qu'il ne réſiſtera pas à *de certaines ſollicitations*, & on le fait dépoſer de nouveau dans la premiere information du Châtelet. C'eſt-là que toujours ami de la vérité, il fait la dépoſition que l'on vient

D

de lire. Alors la colere éclate, & on le décrete..... à cette idée, le cœur se serre, & l'ame se remplit d'indignation. Parce que la vérité offense M. de Richelieu, on décrete ceux qui la disent! Parce que l'Abbé Froment, qui a vu le laquais de M. le Maréchal apporter des lettres & des billets à Madame de Saint-Vincent, rend compte à la Justice de ce qu'il a vu, la Justice le frappe lui-même & le change de témoin en coupable! Les loix cédent-elles donc aussi aux caprices des hommes puissans!

Qui ne seroit révolté de voir M. le Maréchal entreprendre de justifier cette horrible prévarication, & dire: » Que l'Abbé » Froment s'est rendu suspect pour avoir voulu servir trop di- » rectement Madame de Saint-Vincent? *Servir Madame de Saint-Vincent!* Mais de quelle maniere? Par le simple récit de ce qu'il a vu. Et l'*on est suspect* quand on rend compte de ce qu'on a vu! & l'on est *suspect* quand ce qu'on a vu démontre que M. le Maréchal a donné des billets! Falloit-il donc que l'Abbé Froment fût aveugle au moment que le laquais de M. le Maréchal portoit des lettres au couvent de la Miséricorde? Ou falloit-il qu'il devînt faux témoin pour *ne pas servir trop directement Madame de Saint-Vincent?* Non, vous ne seriez pas suspect, témoin véridique, si vous aviez l'ame des Martiniere, des Auvray, des Doumaing, des Combette & des Roquetaillade!

Quels témoins faut-il encore de la vérité des billets? Il en est un qu'il nous reste à opposer à M. le Maréchal. Celui-ci ne sera pas *suspect*. Assurément son but n'est pas *de servir* Madame de Saint-Vincent. Ce témoin, quel est-il? C'est M. le Maréchal lui-même.

On sçait que des trente-sept lettres déposées au procès, il en est quinze qu'il ne désavoue pas. Ces lettres sont toutes de la main de M. le Maréchal, plusieurs mêmes sont revêtues de sa signature ; & s'il est au monde quelque chose de vrai & d'incontestable, ce sont des lettres de M. le Maréchal que M. le Maréchal & ses Experts n'ont pas osé contester ni trouver fausses. Eh bien, ces lettres non contestées prouvent qu'il a fait & donné les billets.

Nous ne rapporterons pas de ces lettres tout ce qui peut détruire les allégations de M. le Maréchal. Ce qu'il dit dans un temps, n'est pas ce qu'il écrit dans un autre, il a toujours le langage du moment. Par exemple, il lui importe aujourd'hui d'affirmer que *ce n'est pas lui qui a fait sortir Madame de Saint-Vincent de Tarbes & de Milhaud pour la conduire à Poitiers ; qu'il a négocié ces émigrations avec la famille de Madame de Saint-Vincent ; que cette famille y a consenti*, &c. &c. & il ne balance pas à l'affirmer. Voici pourtant ce qu'il écrivoit alors à Madame de Saint-Vincent.

» J'attends à tout moment avec la plus vive impatience des » nouvelles positives de tenir cet appartement, afin que » l'*Evêque puisse vous écrire en droiture*. Je crois vous avoir » mandé pour cela que vous deviez *lui écrire une lettre dont je » joints ici le projet, & que je lui ferai rendre afin qu'il vous » réponde, & qu'il n'ait pas lieu de vous parler de moi dans » cette lettre qu'il faudra faire voir à vos parens, & qu'il est à » propos* QU'ILS NE SACHENT PAS *que je suis celui que » vous avez chargé de vos affaires**. *Signé* le Maréchal Duc » de Richelieu ».

* Cette lettre est la seconde des non arguées.

Voyez donc comme M. le Maréchal négocie avec la famille de Madame de Saint-Vincent ! D'abord il presse cette dame d'écrire à M. l'Evêque de Poitiers, & il lui envoie un projet de lettre ; ensuite il se charge de faire rendre cette lettre à M. l'Evêque, afin que M. l'Evêque fasse réponse. Après, il faut que Madame de Saint-Vincent faſſe voir cette réponſe à ſes parens ; il faut qu'il ne ſoit pas queſtion de M. le Maréchal dans cette réponſe ; il faut ſur-tout *qu'ils ne ſachent pas* que c'eſt lui qui eſt à la tête de toute cette intrigue. Non, rien n'eſt plus ſimple que cette marche, & il eſt clair que M. le Maréchal ne prend toutes ces précautions que parce qu'il *négocie* avec la famille de Madame de Saint-Vincent.

Dans une autre lettre également avouée *, M. le Maréchal s'exprime ainſi : » Je vous dirai auſſi que je veux faire la niche » à votre mari de lui faire payer au moins la dépenſe du loyer » de votre appartement à Poitiers, & de celle que j'avois » ordonnée pour vous arranger un appartement ».

* Elle eſt la quatrieme des quinze.

Eût-ce donc été faire une niche à M. le Préſident de Saint-Vincent que de lui faire payer le loyer d'un appartement à Poitiers, ſi réellement il eût conſenti à ce que ſa femme occupât un appartement à Poitiers ? Non, ſans doute. Mais M. le Maréchal trouvoit très-plaiſant d'enlever la femme d'un Préſident à Mortier exilé alors au fond d'un petit village de Provence, de la conduire ſur ſon paſſage de Bordeaux, & de faire payer au mari lui-même les frais de cet enlevement. Que cette niche eſt bonne ! comme les jeux de M. de Richelieu ſont honnêtes !

En conſéquence *de cette niche*, M. le Maréchal écrit à M. l'Evêque de Tarbes..... Mais pourquoi n'écrit-il pas à M. de Saint-Vincent lui-même ? Pourquoi encore cet Evêque en tiers ? Eſt-ce auſſi afin qu'on ne voye pas le nom de M. de Richelieu, & que *les parens ne ſachent pas que c'eſt lui qui eſt chargé des affaires de Madame de Saint-Vincent ?* Comme tous ces petits détours peignent l'intrigue & la mauvaiſe foi ! ...... M. le Maréchal écrit donc à M. l'Evêque de Tarbes, & il le prie de faire ſentir à M. le Préſident qu'il eſt tenu de payer cet appartement ; aux raiſons, M. le Maréchal joint quelques menaces; *car*, dit-il, *on ne manquera pas de s'adresser à M. le Chancelier.* Viennent ensuite les conseils. *M. de Saint-Vincent peut déléguer les intérêts du prix de la liquidation de sa charge*, avec quoi M. le Maréchal se chargera de tout. *Que si par hasard il avoit l'OBSTINATION INSENSÉE que quelques Magistrats ont conservée encore de ne pas faire liquider leur charge, ce seroit une marque qu'il pourroit s'en passer....* Voilà comme M. le Maréchal *négocie* avec un des premiers Magistrats d'un Parlement célebre!

Dans une autre lettre, qu'il ne désavoue pas non plus, M. de Richelieu reproche à Madame de Saint-Vincent d'avoir une mauvaise tête, & lui écrit: » Je voudrois fort que vous ne » vous missiez pas dans le cas de justifier tout ce que vos » parens ont dit, & essuyer de la part de nos Ministres tous » les reproches que je mériterois pour vous avoir montré tant » de zele *& leur avoir répondu de vous.* A Trianon, ce 26 » Mars ».

Montrer tant de zele malgré ce que les parens ont dit; répondre de Madame de Saint-Vincent *aux Ministres*! C'est encore là sans doute *négocier* avec les parens de Madame de Saint-Vincent.

Mais qu'est devenue cette femme dont M. de Richelieu *a répondu*, malgré ce que ses parens en ont dit? Quel sort heureux doit-elle *au zele* & aux soins de M. de Richelieu? Je la vois entourée d'accusations & de decrets. Son nom retentit dans tout l'univers, ses jours se passent au sein d'une longue captivité, sa santé s'altere & se perd dans les larmes, elle expirera peut-être.... Oh! combien son accusateur doit être en proie aux remords! Eût-elle fait les billets, il est encore plus coupable qu'elle. Mais quel nom faut-il donner à sa conduite quand il est démontré que lui seul a donné ces billets?

Attendra-t-on, pour en être convaincu, que lui-même en faſſe l'aveu? Eh bien, il l'a fait, & cet aveu eſt conſigné dans une lettre exiſtante au procès *, lettre qu'il a écrite, lettre ſur-tout qu'il ne déſavoue pas.

* Trente-ſeptieme des dépoſées.

On ſait que le premier mandat étoit conçu dans une forme illuſoire. A ce premier en ſuccéda un ſecond de même valeur, mais d'une meilleure forme. M. le Maréchal le qualifioit de lettre de change, & quelques témoins qui l'ont vu lui donnent le même nom. Or cette lettre de change a été envoyée par M. le Maréchal à Madame de Saint-Vincent, & la lettre qui en conſtate l'envoi exiſte; la voici:

» Je ſuis bien affligé, ma chere couſine, de votre maladie » que vous m'apprenez. Mais je ſuis auſſi à l'abri des reproches » que vous; mais je ſuis déſeſperé de la vôtre. Il me paroît » cependant qu'il ne vous reſte de votre maladie qu'un peu » d'humeur contre votre ſanté & vos affaires. Je comprends » que l'un & l'autre peuvent vous en donner. Commencez » toujours par la ſanté, & faites de vous tirer d'affaire *avec* » *cette lettre de change que je vous envoye ci-joint.* Tâchez de » vous corriger & de dire à (le mot Vedel eſt effacé) de vous » tirer des mauvaiſes affaires où vous vous êtes fourrée avec » une inconſidération ſans exemple, & n'y plus retomber. » Je vous irai voir ».

Cette lettre eſt déciſive, & juge elle ſeule le procès. Il ne faut pas de longs raiſonnemens pour prouver que, puiſque M. le Maréchal *envoie ci-joint une lettre de change*, cette lettre de change eſt donc vraie, & n'a pas été fabriquée par Madame de Saint-Vincent.

On ne peut élever le moindre doute ſur la certitude que *cette lettre de change* eſt le ſecond titre ſur le ſieur Peixotto. Madame de Saint-Vincent met en fait QU'ELLE N'A REÇU AUCUNE AUTRE

LETTRE DE CHANGE DE M. LE MARÉCHAL, & M. le Maréchal le déclare lui-même. Voyez la page 38e de son gros Mémoire. Il y affirme « qu'il a toujours laissé Madame de Saint-» Vincent dans la plus grande misere; que cette négligence » envers elle n'est pas l'effet d'un moment de caprice; que sa » conduite à cet égard a toujours été uniforme, &c.; *enfin*, » ajoute-t-il, *il doit être prouvé que la dissipation de Madame* » *de Saint-Vincent l'avoit réduite à la plus grande nécessité; &* » *que si ses importunités ont pu lui* PROCURER QUELQUES SE-» COURS DE M. DE RICHELIEU, LES PLUS CONSIDÉRABLES » N'ONT POINT PASSÉ SIX OU DOUZE LOUIS. Quelle peut donc être cette lettre de change, si ce n'est le second titre de cent mille écus?.... Un mot tranchera toute difficulté. Que M. le Maréchal dise lui-même ce que c'étoit que *cette fameuse lettre de change qui devoit tirer Madame de Saint-Vincent des embaras où elle s'est jettée avec une inconsidération sans exemple*. De quelle date; de quelle somme; à quelle échéance; sur qui tirée; par qui acceptée, & par qui endossée? Qu'il nomme le Banquier qui a payé cette lettre de change; que l'on produise un livre de compte où se trouve l'acquit de Madame de Saint-Vincent ou à son ordre; .... on lui en fait publiquement le défi.

M. le Maréchal doit aux dignités dont il est revêtu, & dont il parle sans cesse; il doit aux Magistrats qui examinent sa cause, & au Public qui s'en occupe; il doit à la vérité & à l'honneur; il doit à Madame de Saint-Vincent, il se doit à lui-même, d'expliquer le mystere de cette lettre de change.

La preuve qui en résulte contre lui est invincible. Est-il d'ailleurs un seul homme honnête & éclairé, qui réfléchissant à l'impossibilité de calquer vingt-deux lettres, douze *bon pour*, & quatorze signatures; à la conduite qu'a tenue M. le

Maréchal dans toute cette affaire; aux lettres de Madame de Saint-Vincent à M. de Vedel; à celles de M. le Maréchal, qu'il désavoue; aux témoins qui en ont déposé; aux lettres qu'il a écrites & qu'il ne désavoue pas; aux aveux qu'elles contiennent; ne déclare hautement M. le Maréchal de Richelieu, *atteint* & *convaincu* d'avoir fait & donné les billets.

Signé VENCE DE SAINT-VINCENT.

Me GOUPILLEAU DE VILLENEUVE, Avocat.

POSTSCRIPTUM.

OBSERVATION IMPORTANTE.

CET ouvrage étoit prêt à paroître, au moment que M. de Richelieu a distribué son Mémoire, intitulé *Réflexions*. Il a senti combien est importante au procès la lettre qui annonce à Madame de Saint-Vincent l'envoi d'une lettre de change; & il a entrepris d'en donner *l'explication*.

Nous allons y répondre sur le champ. La réponse sera simple & précise: il ne faut, ni beaucoup de temps, ni beaucoup d'art pour démontrer que *l'explication* de M. le Maréchal ne peut s'adapter au sens & à l'objet de la lettre; & que cette *explication* est pleinement démentie par des faits constans au procès.

« M. le Vicomte de Castellane, dit M. de Richelieu, avoit » mandé à Madame de Saint-Vincent, que son mari lui per- » mettoit de quitter Paris, & de se retirer dans la ville & le » couvent qu'elle voudroit choisir, & qu'il lui feroit compter » cent

» cent écus pour les frais du voyage. Madame de Saint-Vin- » cent, continue M. le Maréchal, ne toucha pas les 300 livres » promises par M. de Castellane, aussi-tôt qu'elle l'auroit de- » siré ; elle écrivit à M. le Maréchal, pour le prier de *l'aider* » *dans l'embarras où elle se trouvoit* ; & ce fut pour répondre à » cette lettre, que M. le Maréchal lui envoya une lettre de » change de cent écus ».

Voilà la premiere fois qu'il est question d'une lettre de change de cent écus, donnée par M. de Richelieu à Madame de Saint-Vincent. Pourquoi M. le Maréchal n'en a-t-il pas dit un seul mot dans cette foule de Mémoires qu'il a publiés jusqu'à ce jour ? Il y a parlé de mille écus par lui envoyés à Madame de Saint-Vincent à Milhaud ; il y a parlé des frais de son appartement de Poitiers ; il y a parlé même de six ou douze louis que Madame de Saint-Vincent lui a arrachés, dit-il, par importunité. Pourquoi n'y a-t-il pas parlé également de cette lettre de change de cent écus ?

Madame de Saint-Vincent n'en a pas plus parlé que lui. Pressée à ses interrogatoires par le sieur Bachois, qui ne supportoit pas patiemment qu'elle eût reçu aucun bienfait de M. de Richelieu, elle s'efforçoit de les rappeller tous, & assurément elle n'en a oublié aucun. Mille écus à Milhaud, une tabatiere d'or à Poitiers, beaucoup de billets, six louis en argent, jusqu'à des bouteilles de vin, elle a tout cité. Pourquoi n'eût-elle pas également cité cette lettre de change de cent écus ?

Quelle adresse étonnante de M. de Richelieu ! au moment qu'il ne peut échapper à une lettre de change qu'il a donnée, il en substitue une autre qu'il ne donna jamais, & dont, il y a quelques jours, il ne se doutoit pas lui-même. Mais cette fourberie sera découverte. La lettre de change qu'il reconnoît, ne peut se concilier avec l'envoi existant de celle qu'il désavoue :

il ne faut que les rapprocher pour être convaincu que l'on ne doit pas plus croire aux assertions de M. de Richelieu, qu'à ses désaveux.

On connoît la lettre d'envoi de la lettre de change dont il s'agit au procès. « Je suis bien affligé, ma chere cousine, &c. » . . . . faites de vous tirer d'affaires avec cette lettre de » change que je vous envoie ci-joint; tâchez de vous corri- » ger, & de dire à (le mot Vedel effacé) de vous tirer des » mauvaises affaires où vous vous êtes fourrée avec une incon- » sidération sans exemple, & n'y plus retomber : je vous irai » voir ».

L'objet de cette lettre de change peut-il être incertain? peut-il convenir en aucune façon à celle de cent écus que M. de Richelieu prétend aujourd'hui avoir donné à Madame de Saint-Vincent pour des frais de voyage que M. de Castellane tardoit trop à lui fournir ? Eh! quel rapport y a-t-il donc entre ces cent écus & la lettre de change annoncée par cette lettre? entre un projet de voyage & les motifs contenus dans cette lettre d'envoi? Quoi! pour se tirer d'affaires très-embarrassantes, d'affaires qui exigent les conseils d'un tiers, d'affaires où l'on s'est fourrée avec une inconsidération sans exemple, d'affaires si terribles, si désastreuses, un Maréchal de France envoye CENT ÉCUS à une femme de qualité! Quoi! tant d'affaires cruelles dont il faut sortir avec cent écus; tant d'inconsidérations, d'étourderies dont il faut se corriger pour n'y plus retomber, tout cela se réduit à faire un petit voyage! . . . . Non. Ces contradictions sont trop révoltantes, & n'étoient pas faites pour être proposées à la Justice.

M. le Maréchal connoissoit les dettes de Madame de Saint-Vincent; il n'ignoroit pas qu'elle avoit à Poitiers, à Paris, une foule de créanciers; il nous apprend par sa lettre d'envoi qu'elle venoit de se fourrer encore avec une inconsidération sans exemple dans les plus mauvaises affaires ; & aujourd'hui, il voudroit nous faire croire que pour qu'elle pût se tirer d'affaires, appaiser ses créanciers & sortir d'embarras, il lui prêtoit noblement la somme de cent écus ! & que ces cent écus n'étoient pas pour se tirer des affaires, mais pour suppléer à cent écus qu'elle attendoit pour partir ! Quel tissu d'absurdités ! *Tâchez de vous corriger*; de quoi? de ce qu'elle part ou de ce qu'elle ne part pas? *Et n'y plus retomber*; c'est-à-dire, quand vous serez une fois partie, n'y retombez pas, n'allez pas au moins partir deux fois. . . . . . On est révolté de tant d'inconséquences.

La lettre de Madame de Saint-Vincent que M. de Richelieu rapporte n'étoit pas plus une demande de cent écus que la sienne qu'il explique si gauchement n'en étoit l'envoi. . . . . *Bien obligée, mon cher cousin*, dit-elle ; & de quoi, bien obligée? Quand on écrit pour demander cent écus à emprunter, commence-t-on par dire *bien obligé?* Il n'y a que M. de Richelieu au monde qui puisse avancer que *bien obligée, mon cousin*, signifie *mon cousin, prêtez-moi cent écus.*

Je suis malade & puis à peine vous rendre mes actions de graces. Encore des actions de graces ! N'est-il donc pas certain qu'il est question ici de bienfaits déja reçus & non de cent écus à prêter? Que répond M. de Richelieu? *Je suis bien affligé de votre maladie ; mais je suis aussi à l'abri des reproches que vous.* Quoi ! Madame de Saint-Vincent écrit *bien obligée, mon cousin*, & le cousin répond : *Je suis à l'abri des reproches* ! Il se justifie *des actions de graces qu'on lui rend* ! On diroit qu'il a peur d'être grondé. Jamais a-t-on répondu à des remercimens quand on répond à des reproches?

Il me paroît, dit-il encore, *qu'il ne vous reste de votre maladie qu'une grande humeur contre votre santé & vos affaires.* Or Madame de Saint-Vincent ne témoigne dans sa lettre ni humeur contre sa santé, ni humeur contre ses affaires. Mais pourquoi toutes ces discussions? Un mot suffit pour demontrer que la lettre de M. de Richelieu ne peut s'adapter à la fable ridicule des cent écus. Le nom de M. de Vedel ..... *oh!* s'écrie M. le Maréchal, *ce nom n'a jamais été dans ma lettre, & je me rappelle très-bien que ce nom est* SUBE. M. le Maréchal se le rappelle très-bien! néanmoins il est prouvé, malgré l'encre dont ce mot est couvert, & malgré les souvenirs de M. le Maréchal, que ce nom n'est pas & ne peut être celui de *Sube*.

Quel sens pourroit avoir cette phrase: *dites à* SUBE *de vous tirer d'affaires?* Ce n'est donc pas la lettre de change de cent écus qui doit tirer d'affaires Madame de Saint-Vincent! C'est SUBE. Mais Madame de Saint-Vincent a-t-elle besoin de SUBE pour sortir d'affaires, si la lettre de change de cent écus que M. le Maréchal lui envoye suffit pour cet objet? Ou a-t-elle besoin que M. le Maréchal lui envoie une lettre de change de cent écus pour sortir d'affaires, si c'est *Sube* qui doit les terminer.

Si M. le Maréchal eût chargé *Sube* de cent écus pour Madame de Saint-Vincent, eût-ce été par une lettre d'envoi? N'eût-ce pas été par *Sube* lui-même qu'elle les auroit reçus? Ces cent écus n'auroient-ils pas été en especes? Pourquoi prendre une lettre de change?

Enfin, de quelles affaires Sube devoit-il tirer Madame de Saint-Vincent? M. le Maréchal, qui *se rappelle très-bien* que c'est Sube dont il a parlé dans sa lettre, doit se rappeller aussi quels ordres il a donnés à Sube, concernant Madame de Saint-

Vincent. On défie publiquement M. le Maréchal de dire quels étoient ces ordres & ces affaires. Ce n'eſt pas le premier défi que Madame de Saint-Vincent fait à M. le Maréchal ; ce ne ſera pas le dernier.

Ce qui doit démontrer ſur-tout que *Sube* n'eſt pas celui que que M. le Maréchal déſignoit pour tirer d'affaires Madame de Saint-Vincent, c'eſt que Sube lui-même a été ſuſpect à M. le Maréchal ; qu'il l'a fait décréter par le ſieur Bachois ; qu'il l'a chaſſé enſuite de ſon ſervice, pour avoir eu des liaiſons avec Madame de Saint-Vincent, & pour s'être mêlé des affaires de cette Dame. Comment ! M. le Maréchal punit *Sube* de ſes liaiſons avec Madame de Saint-Vincent, & lui-même ſeroit la cauſe de ces liaiſons ! il le décrete pour s'être mêlé des affaires de Madame de Saint-Vincent, & lui-même l'auroit chargé de tirer d'affaires Madame de Saint-Vincent ! . . . . Ce n'eſt pas tout.

Sube, décrété, a ſubi interrogatoire. Sans doute que, pour ſe juſtifier des liaiſons qu'on lui imputoit, il eût allégué les ordres de ſon Maître concernant les affaires de Madame de Saint-Vincent; il eût parlé de la lettre de change & des circonſtances qui y ſont relatives, ſi ces ordres & cette lettre de change euſſent jamais exiſté. Son ſilence ſur cet objet n'eſt-il pas une démonſtration inconteſtable, que jamais il n'a reçu de M. le Maréchal de lettres de change ni d'ordres quelconques, pour tirer d'affaires Madame de Saint-Vincent. . . . Il y a plus. Sube a nié hautement * les relations qu'on lui ſuppoſoit avec Madame de Saint-Vincent. M. le Maréchal nous dit lui-même * qu'il ne cherche pas à approfondir *juſqu'où ont été portées ces relations* QUE LE SIEUR SUBE NIE OU QU'IL RÉDUIT A DEUX VISITES DE HASARD ; . . . . & M. de Richelieu a l'audace d'avancer aujourd'hui que c'eſt Sube qui a été chargé

* Voyez ſes interrogatoires.

* Page 121 de ſon gros Mémoire.

des affaires de Madame de Saint-Vincent! Le ſieur Sube NIE toutes relations avec cette Dame ; il ne l'a vue que deux fois par haſard, M. le Maréchal eſt inſtruit des aſſertions de Sube ; il ne les contredit pas ; lui-même les fait imprimer : arrive enfin le moment où il faut répondre à une lettre qui renverſe toute ſon accuſation ; on imagine une fable ; un mot effacé peut être ſubſtitué par celui de Sube ; Sube eſt mort ſubitement, & l'on s'écrie auſſi-tôt, c'eſt *Sube*, *c'eſt Sube*. . . . . Magiſtrats, ne ceſſera-t-on de tendre des piéges à votre religion ! Non, ce n'eſt pas le nom de SUBE qui eſt dans cette lettre ; c'eſt celui de VEDEL. L'encre dont ce mot eſt couvert peut le dérober aux yeux ; mais l'allégation tardive de M. le Maréchal, l'impoſſibilité de concilier le nom de Sube avec le contenu de la lettre, le déſaveu juridique que Sube lui-même en a fait avant qu'une mort ſubite l'eût enlevé du nombre des accuſés, tout découvre à la raiſon que ce nom n'eſt pas & ne peut être SUBE.

Il n'eſt pas inutile de remarquer qu'il eſt des lettres arguées de faux, où le nom de M. de Vedel eſt également biffé de traits de plume. Ce n'eſt aſſurément pas le nom d'un autre que l'on a effacé dans ces lettres, on ſuppoſe qu'elles ſont l'ouvrage des accuſés ; & il eſt évident qu'ils n'auroient pas calqué un mot, pour aller enſuite le couvrir d'encre. Pourquoi la même cauſe, qui a fait effacer ce nom dans une lettre déſavouée, ne l'auroit-elle pas fait effacer auſſi dans une lettre avouée ? Et pourquoi le mot effacé dans l'une, ne ſeroit-il pas le même que celui effaeé dans l'autre ?

Il eſt des moyens peut-être pour découvrir, à travers les ténébres que l'encre répand ſur un mot, quelle eſt à-peu-près la forme & le nombre des lettres qui le compoſent. Le mot Vedel eſt compoſé de cinq lettres ; celui de Sube ne l'eſt que de quatre. N'eſt-il pas poſſible de voir ſi le mot effacé eſt de quatre lettres ou de cinq ? Ne pourroit-on pas aussi chercher au compas la grandeur proportionnelle de chaque lettre, & savoir si la rature offre l'espace de cinq lettres ou de quatre seulement ? En présentant le papier à la lumiere, en l'examinant à l'envers, n'y remarqueroit-on rien ? Les Juges n'oublieront sans doute aucun des moyens qui pourroient leur faire reconnoître ce mot si important, & duquel dépend la décision du procès.

M. de Richelieu connoît son Ragueneau. Cet habile faussaire enseigne, dit-on, le secret d'effacer l'encre. Que l'on fasse usage de son secret pour le nom dont il s'agit ici ; que M. de Richelieu, qui se *rappelle très-bien* que ce nom est celui de *Sube* ; que Madame de Saint-Vincent, qui affirme que c'est celui de *Vedel*, soient présens l'un & l'autre à la vérification qui sera faite ; & qu'à l'instant où le mot paroîtra, la tête de celui qui en impose tombe sous la hache des licteurs. M. le Maréchal y consent-il ?

Ce qu'il ne peut refuser au moins, c'est de déclarer ce que c'étoit que *cette lettre de change* de cent écus, qu'il soutient avoir donnée, & que Madame de Saint-Vincent n'a jamais reçue. De quelle date est-elle ? sur qui tirée ? par qui acceptée ? par qui payée ? où est l'acquit de Madame de Saint-Vincent ? M. le Maréchal vient d'être sommé juridiquement * d'avoir à s'expliquer sur toutes les circonstances relatives à cette lettre de change. Son silence en cette occasion seroit l'aveu de sa défaite, & nous ne manquerions pas d'en tirer le plus grand avantage. *Comptable de son honneur à la postérité, à la Nation, à l'Europe entiere* ; M. le Maréchal doit quelque chose aussi à la Justice & à ses contemporains. L'occasion d'entrer en *compte* dès ce moment est trop belle, pour que M. le Maréchal la laisse échapper.

* Voyez ci-après la sommation.

En attendant, il eſt démontré, 1°. que la lettre d'envoi d'une lettre de change à Madame de Saint-Vincent *pour ſe tirer des affaires où elle s'étoit fourree avec une inconſidération ſans exemple* ne peut être une lettre de change de cent écus donnée pour des frais de voyage. Il eſt démontré, 2°. que le nom effacé dans cette lettre ne peut être celui de SUBE, puiſque Sube lui-même a déclaré au procès n'avoir eu avec Madame de Saint-Vincent aucune des relations que la lettre ſuppoſe; M. le Maréchal a connu & n'a pas contredit le déſaveu de ces relations; celles que l'on annonce tout à coup après la mort ſubite de Sube ne ſont-elles pas démenties d'avance & indignes de foi? Ce nom n'eſt donc que celui de M. de Vedel chargé par M. le Maréchal des affaires de Madame de Saint-Vincent, & cette lettre de change n'eſt autre choſe que celle ſur Peixotto, puiſque Madame de Saint-Vincent n'en a point reçu d'autre de M. le Maréchal.

M. de Richelieu prétend que Madame de Saint-Vincent a déclaré avoir reçu de la main à la main la lettre de change ſur Peixotto & que conſéquemment elle n'a pu être l'objet d'une lettre d'envoi. Mais cette objection n'eſt fondée que ſur une erreur inſérée dans la premiere requête de Madame de Saint-Vincent. Ses interrogatoires affirment poſitivement le contraire. Madame de Saint-Vincent y déclare, art. 4, pag. 6, » qu'elle » ENVOYA à M. le Maréchal le modele du ſecond mandat, le » priant de vouloir le ſigner; que M. de Richelieu eut la bonté » de le ſigner quelques jours après, & ne croit pas qu'il le fit » tout de ſuite. Art. 5, pag. 11, qu'elle a MARQUÉ à M. le » Maréchal, en lui demandant le ſecond billet, &c. ». Tout cela ſe faiſoit donc par écrit! Le Lieutenant criminel lui-même en fait l'obſervation. Il demande, art. 20, p. 17, pourquoi Madame de Saint-Vincent n'a pas prié de vive voix M. le Maréchal

de

de lui donner ce second mandat ; elle répond : *qu'elle » a mieux aimé* LUI ÉCRIRE *pour lui demander de le signer, que* DE LUI DIRE *elle-même, parce qu'on aime mieux écrire que de demander* ». Il n'est pas fort étonnant que les Conseils de Madame de Saint-Vincent qui n'avoient pas lu les interrogatoires, imprimés depuis, qui ne voyoient que très-rarement Madame de Saint-Vincent logée alors à un sixieme étage du Châtelet, aient avancé, par méprise, que cette lettre de change a été donnée de la main à la main. Mais les interrogatoires ne rectifient-ils pas suffisamment cette erreur ?

Que l'on veuille bien réfléchir à *l'explication* de M. le Maréchal, & l'on ne doutera plus qu'elle ne soit une fable imaginée pour se soustraire à la conviction de la lettre ; que l'on veuille bien réfléchir à la lettre elle-même, & l'on ne doutera plus qu'elle seule ne fasse la décision du procès. Cette lettre d'ailleurs offre une piece de comparaison bien sure. On peut la comparer, puisque M. de Richelieu convient l'avoir écrite, à celles qu'il désavoue, & l'on verra qu'elle est évidemment de la même main & du même caractere que celles arguées. Est-il encore une fois, est-il une seule personne, qui, à la vue d'une lettre, contenant l'envoi d'un des billets que M. de Richelieu désavoue, ne le déclare encore une fois *atteint & convaincu* d'avoir fait & donné les billets.

Signé VENCE DE SAINT-VINCENT.

CHAMBRES ASSEMBLÉES,
les Princes & Pairs y séant.

Messieurs { *ROLAND DE CHALLERANGE*, *TITON DE VILOTRAN*, } *Rapporteurs.*

Me GOUPILLEAU DE VILLENEUVE, Avocat.

PIECES JUSTIFICATIVES.

LE Sénéchal, Procureur en la Cour & de dame Julie de Villeneuve de Vence, épouse de M. de Saint-Vincent, Président à Mortier au Parlement de Provence.

Dit & déclare à Me Desprez, Procureur de M. le Maréchal, Duc de Richelieu,

Que dans un imprimé qui vient de paroître sous le nom de M. le Maréchal de Richelieu, intitulé : Réfle ions sur trois lettres importantes produites au procès d'entre M. le Maréchal & Madame de Saint-Vincent, signées de mondit sieur le Maréchal & de Me Tronchet, son Avocat; madite dame de Saint-Vincent a vu avec surprise, que mondit sieur le Maréchal y prétendoit & soutenoit notamment, page 8 dudit imprimé, qu'il avoit envoyé à Madame de Saint-Vincent une lettre de change de cent écus; mais Madame de Saint-Vincent déclare qu'elle dénie hautement le fait de ladite lettre de change de cent écus : elle n'a jamais reçu d'autre lettre de change de la part de M. le Maréchal, que le mandat de cent mille écus sur le sieur Peixotto, lequel mandat a été échangé en une lettre de change sur le même, de pareille somme, laquelle lettre de change a depuis été convertie en différens billets au porteur.

C'est pourquoi madite dame de Saint-Vincent somme & interpelle par ces présentes, mondit sieur le Maréchal, Duc de Richelieu, de lui déclarer & à la Justice, dequel lieu ladite prétendue lettre de change de cent écus étoit tirée, par quelle personne & sur quelle personne, à l'ordre de qui & par qui enfin elle a été acquittée, qui elle étoit, la valeur qui y étoit exprimée, si c'étoit valeur reçue comptant ou valeur en compte avec tels ou tels, ou valeur en lui-même; sommant pareillement mondit sieur le Maréchal, de produire le registre de recette ou dépense dans lequel ladite prétendue lettre de change de cent écus est enregistrée, & défiant mondit sieur le Maréchal de produire aucune lettre de change de cent écus, où soit l'acquit de madite dame de Saint-Vincent.

Et faute par M. le Maréchal de satisfaire à ce que dessus dans trois jours pour tout délai, madite dame de Saint-Vincent proteste d'en tirer tel avantage que de raison, & fait au surplus toutes autres protestations & réserves utiles & nécessaires, à ce que M. le Maréchal & Me Desprez, son Procureur, n'en ignorent, dont acte. *Signé* VENCE DE SAINT-VINCENT.

Signifié à Me Desprez Procureur de M. le Maréchal, le 2 Mars 1776.

A PARIS, chez P. G. SIMON, Imprimeur du Parlement, *rue Mignon Saint André-des-Arcs.*

www.ingramcontent.com/pod-product-compliance
Lightning Source LLC
LaVergne TN
LVHW010006230826
846092LV00002B/676

9782329660813